RAMÓN CASTELO PÉREZ
"UN GANDHI GALLEGO"

RAMÓN CASTELO PÉREZ
"UN GANDHI GALLEGO"

PROLOGO DE Mª PILAR LOURIDO LANDIN "PILI CARAMELOS"

Su padre un señor muy elegante, recordaba a Maruja, cuando iba a la Plaza de Abastos de O Porriño a comprar los repollos y el pescado, la calle nueva, detras de la graduada...

NOTA DEL AUTOR

Mi tío, en la vida familiar, era muy timido, en respecto a sus posiciones políticas. era un gran padrino, ante el que fui bautizado. Una excelente peesona e idealista. Como en el primer libro, continuemos su legado. El dinero recaudado en ventas, sera para la construcción de un panteón.

RAMÓN CASTELO PÉREZ
"UN GANDHI GALLEGO"

CAPITULO 1

Año 1974:

Ramón había dejado en las filas de la Marina, grandes amigos vascos, de ideologia marxista. Llegando a conocer a Julio Madariaga, (EX-MILITANTE DE ETA), los amigos de Ramón, son llevados al conflicto vasco, encausando a Ramón al mismo. Llegando a militar en ETA. En 1974, oposiciona para CORREOS.
Participo en varias asambleas comunistas. En sus viajes a Cuba llegaba a los Monumentos y apartados del Che, a los chiringuitos, le gustaba sus playas y

sus gentes. Ramón decidio, quedarse una temporada en la Habana, Cuba. Dede joven Ramón, fue admirador del Che Guevara, llegando a hacer trabajos para el Regimen Cubano.

Ramón, se autodefinia políticamente comunista, pero las doctrinas del comunismo, que eran intolerantes, Ramón, habia creado habia creado un buen proverbio para ello:

"Las ideologías no hay que olvidarlas o hasta prohibirlas por que se llamen comunismo, eso jamas, es deber de nosotros comunistas, cambiar las cosas desde dentro, desde la cúpula, es decir una vez seamos un cargo en el partido, modificar, dicha doctrina que afecte al comunismo y sea perjudicial tanto para nosotros como para los demas".

RAMÓN CASTELO PÉREZ
"UN GANDHI GALLEGO"

Cuando yo era pequeño,iba en su casa, en la AV.de Galicia, Porriño. Revolvia entre sus cosas para ver si había algun juguete, y, me encontraba, una carta de sus amigos de la Marina de 1974, de ideologias Marxistas y vinculados a ETA, yo no sabia que era aquello. Yo le preguntaba y el me lo quitaba, empezando a sudar en frio.

En 1993, en A Coruña, hace unas protestas por injusticias de carácter político usando el metodo de Mahatma Gandhi pacifista, con arroz. LLegando a reclutar entre 70 y 80 personas, casi un centenar.

La ideologia de Ramón, era antifranquista, de izquierdas, tirando mucho al comunismo, hasta el punto de convertirse en comunista.

Mi tío Moncho, su mirada sobre las cosas lo transformo todo.

MAHATMA GANDHI

El nombre verdadero de Gandhi es Mohandas Karamchand Gandhi, pero todo el mundo le conocía por "mahatma" que significa en sánscrito "alma grande", apodo que ya dice gran cosa de él. Nació en la India en 1869 y murió en 1948. Gandhi llevó a su país, la India a lograr la independencia de Gran Bretaña mediante una revolución pacífica. Fue líder del movimiento de resistencia no violenta al régimen colonial británico. Mohandas Karamchand Gandhi nació el 2 de Octubre de 1869 en Porbandar, India. Se convirtió en uno de los más respetados líderes espirituales y políticos del siglo XX. Gandhi ayudó a la liberación del pueblo hindú del gobierno colonial inglés a través de la resistencia pacífica, y es por ello honrado por su gente como el Padre de la Nación

RAMÓN CASTELO PÉREZ
"UN GANDHI GALLEGO"

India. Gandhi estudió leyes en Londres y volvió a la India en 1891 para ejercer su profesión. En 1893 aceptó un contrato de un año para trabajar como abogado en Sudáfrica. En esa época, Sudáfrica estaba controlado por los británicos. Cuando intentó reclamar sus derechos como ciudadano inglés fue atropellado, y pronto vio que todos los indios sufrían idéntico tratamiento. Gandhi se quedó en Sudáfrica 21 años luchando por los derechos del pueblo hindú. Desarrolló un método de acción social directa basado en los principios del coraje, la noviolencia y la verdad llamado Satyagraha. Creía que el modo en que la gente se comporta vale más que lo que consiguen. Satyagraha promovía la noviolencia y la desobediencia civil como los métodos más apropiados para alcanzar objetivos políticos y sociales. En 1915 Gandhi retornó a la India y se convirtió el líder del movimiento nacionalista indio. Utilizando los postulados de la Satyagraha dirigió la campaña por la independencia india de Gran Bretaña. Gandhi fue arrestado muchas veces por los británicos debido a sus actividades en Sudáfrica y la India. Creía que era honorable ir a la cárcel por una causa justa. En conjunto pasó siete años en prisión debido a sus actividades políticas. Más de una vez Gandhi recurrió al ayuno para impresionar a la gente sobre la necesidad de ser no-violento. India alcanzó la independencia en 1947, y se separó en dos países, India y Pakistán, tras lo cual comenzaron los enfrentamientos entre hindúes y musulmanes. Gandhi había abogado por una India unida, donde los hindúes y los musulmanes pudieran vivir en paz. Un 13 de Enero de 1948, a la edad de 78 años, comenzó un ayuno con el propósito de detener el derramamiento de sangre. Tras 5 días, los líderes de ambas facciones se comprometieron a detener la lucha y Gandhi abandonó el ayuno. Doce días más tarde fue asesinado por un fanático hindú que se oponía a su programa de tolerancia hacia todos los credos y religiones. Gandhi llevó una vida de lo más humilde: no aceptó ninguna posesión terrenal, vestía como las clases más bajas y su alimentación se basaba en vegetales, zumos de fruta y leche de cabra. COSAS QUE DIJO GANDHI Reflexiona sobre estas frases de Gandhi. Son la base de su pensamiento. "No hay caminos para la paz; la paz es el único camino". "La no-violencia, en su forma activa, es buena voluntad hacia todo lo que vive". "La no-violencia es la fuerza más grande que existe a disposición del género humano". "La Verdad es el objetivo, el Amor el medio para llegar a ella". "Todo asesinato o daño cometido contra otro o infligido a un semejante - no importa por qué causa-, es un crimen contra la Humanidad". "La no-violencia es la fuerza que nace de la Verdad". "La regla de oro de la conducta humana es la mutua tolerancia, puesto que nunca compartiremos todos las mismas ideas". "Me siento, a veces, impotente pero no pierdo jamás la esperanza". "El deber de toda persona es alcanzar continuamente la perfección". "La no-violencia es una meta hacia la cual debe dirigirse la humanidad entera". "Nuestra recompensa se encuentra en el esfuerzo y no en el resultado. Un esfuerzo total es una victoria completa". "Puesto que yo soy imperfecto y necesito la tolerancia y la bondad de los demás, también he de tolerar los defectos del mundo hasta que pueda encontrar el secreto que me permita ponerles remedio".

"No debemos perder la fe en la humanidad que es como el océano:

no se ensucia porque algunas de sus gotas estén sucias".

"La violencia es el miedo a los ideales de los demás".

"La verdad es totalmente interior. No hay que buscarla fuera de nosotros ni querer realizarla luchando con violencia con enemigos exteriores". "La humanidad no puede liberarse de la violencia más que por medio de la no violencia". "No me gusta la palabra tolerancia, pero no encuentro otra mejor. El amor empuja a tener, hacia la fe de los demás el mismo respeto que se tiene por la propia". "Ojo por ojo y todo el mundo acabará ciego". "Un error no se convierte en verdad por el hecho de que todo el mundo crea en él". "Lo más atroz de las cosas malas de la gente mala es el silencio de la gente buena." "Nadie puede hacer el bien en un espacio de su vida, mientras hace daño en otro. La vida es un todo indivisible." "Quien no es capaz de perdonar, destruye el punto que le permitiría pasar por él mismo. Perdonar es olvidar.." "El amor es la fuerza más humilde, pero la más poderosa de que dispone el mundo." "Más que los actos de los malos, me horroriza la indiferencia de los buenos." "No dejes que se muera el sol sin que hayan muerto tus rencores." "Perdonar es el valor de los valientes. Solamente aquel que es bastante fuerte para perdonar una ofensa, sabe amar." "He tomado sobre mis espaldas el monopolio de mejorar sólo a una persona, y esa persona soy yo mismo, y sé cuán difícil es conseguirlo." "Si quieres cambiar al mundo, cámbiate a ti mismo".

"El Ser Humano no puede explorar el Universo como se puede explorar a sí mismo. Conócete a ti mismo, y entonces conocerás el Universo. También el conocimiento de la propia intimidad requiere un esfuerzo incesante; más aún, no sólo un esfuerzo incesante, sino también un esfuerzo puro, para la cual es preciso una corazón igualmente puro". Young India, 8 de abril de 1926.(5) ESPIRITU PERFECTO "El Espíritu Perfecto viene de un Corazón Perfecto....de un Corazón que es morada de Dios. Verdaderamente es la presencia actual de Dios en el Corazón lo que hace imposible que un pensamiento impuro o vano penetre en el Espíritu". Harijan, 9 de junio de 1946.(6). //////19 CUERPO Y ALMA "Así como el Cuerpo no puede existir sin la Sangre, del mismo modo el Alma necesita la fuerza incomparable y pura de la Fe. Esta fuerza puede renovar los órganos corporales humanos debilitados... Una persona que cree inspira con cada respiración el nombre de Dios... incluso cuando su cuerpo está dormido." Harijan, 29 de junio de 1947.(7) CUERPO, LENGUAJE Y PENSAMIENTO "Cuando estoy despierto, vigilo sobre mi mismo. He logrado el Control de mi Cuerpo. También he Disciplinado mi Lenguaje. En cambio, los Pensamientos me dan mucho que hacer. Si los concentro en un determinado objeto, otros pensamientos pueden entrometerse, y se produce una lucha. En las horas de vigilia estoy dispuesto a sostener estos conflictos, y puedo decir que he alcanzado un estado libre de los pensamientos impuros. Pero durante el sueño no consigo tener bajo control mis pensamientos.... .No está en nuestro poder cancelar de inmediato los rostros que las acciones anteriores han impreso en nosotros. Pero este retraso no me desanima.... Aunque yo muera sin haber alcanzado mi objetivo, no puedo creer que he sido derrotado". Navajivan, 25 de mayo de 1924. (8) HABITO DE MANTENER BAJO CONTROL MIS PENSAMIENTOS Y MEDIR LAS PALABRAS "Debo Decir que mi timidez natural no ha sido una desventaja para mi, prescindiendo del hecho de que en ocasiones me ha expuesto a la burla. Pero ahora no veo en ella más que ventajas. /////20 Mi escrúpulo a la hora de hablar, que antes constituía un peso, ahora me produce placer. El beneficio más grande que me ha aportado ha sido haberme enseñado a Medir las Palabras. Ha formado en mí el habito de mantener bajo control mis Pensamientos. Y ahora podría jurar que ni una palabra no meditada se me escapa de la lengua o de la pluma". SW I, 91.(9) LA PRESENCIA DE DIOS "Entonces no conocía la esencia de la Religión o de Dios, ni sabia cómo actúa Dios en nosotros. Sólo puedo llegar a comprender de una manera confusa que Dios me salvó en esa situación. Me salvó de todas las tentaciones. Yo sé que la frase "Dios me ha salvado" tiene hoy para mí un significado más profundo, y me parece que aún no he llegado a comprender todo su significado. Sólo una experiencia cada vez más rica puede ayudarme a alcanzar una comprensión más plena. Pero en todas las pruebas a que me he visto sometido –de tipo espiritual, como abogado o en la dirección de instituciones y en la política– puedo decir que Dios me ha salvado. Cuando toda esperanza se desvanece, "cuando los que nos ayudan fracasan y desaparece la confianza", experimento una ayuda cuya naturaleza y origen desconozco. La súplica, la oración y la meditación no son supersticiones; son actividades más reales que comer, beber, estar sentado o caminar. No es ninguna exageración decir que ellas son la única realidad verdadera, y que todo lo demás es irreal. El corazón más duro y la ignorancia más grosera tienen que retroceder frente al sol naciente de un sufrimiento que no siente cólera ni ira". Young India, 19 de febrero de 1925.(10) //////21 EXIGENCIA INTERIOR "El trabajo en el torno de hilar se convierte para mí, cada vez más, en una exigencia interior. Todos los días me acerco a los más pobres de los pobres y, en ellos, a Dios. Las cuatro horas que dedico a este trabajo son para mí más importantes que todas las demás.... Ni un solo pensamiento impuro me importuna en esas cuatros horas. No tengo miedo a nada. No deseo saber qué sucede fuera. Si mis oraciones son sinceras y proceden de un corazón concentrado, ciertamente ayudan más que cualquier otra actividad vanidosa." A Hakim Ajmal Khan, 14 de abril de 1922.(11) LA LUZ QUE HAY EN MI "La Luz que hay en mí brilla continuamente. No hay salvación para ninguno de nosotros fuera de la Verdad y la Noviolencia. Sé que la guerra es un mal, el mal primigenio. También sé que tiene que desaparecer. Creo firmemente que la libertad conquistada con el derramamiento de sangre o con el engaño no es verdadera libertad". Young India, 13 de septiembre de 1928.(12) /////22 LIBERTAD – FE – LUZ "Todavía tenemos que conseguir la Libertad. Yo no tengo un Programa Nuevo. Yo creo siempre en lo que es antiguo, tan fidedigno hoy como nunca, o quizás más. Pero la Fe de un Ser Humano en sus proyectos y en sus posibilidades se ve sometida a la prueba más dura cuando no ve ante sí misma ninguna Luz". Young India, 3 de abril de 1924.(13) LA CONCIENCIA "En los problemas de Conciencia no vale la Ley de la mayoría". Young India, 4 de agosto de 1920.(14) NUESTRO MAS PODEROSO ALIADO = EL RAMANAMA "El Ramanama (la repetición del nombre de Dios "Rama") es nuestro más poderoso aliado para lograr el dominio de las pasiones. Para ello hay que perderse por completo en el Mantra que se ha elegido. Durante la recitación no se debería permitir ningún otro pensamiento. El Mantra nos sostiene en la vida y nos ayuda a superar toda prueba". Navajivan, 5 de junio de 1924.(15) EL MANTRA "El Mantra tiene un Poder particular, a saber, el de servir como guardián de la pureza personal de una persona. Quien se esfuerza en ello, se percata rápidamente. Pero no se trata de repetir con indiferencia el Mantra, sino más bien hay que purificar el Alma en él. La repetición mecánica es cosa de los papagayos. /////23 Nosotros tenemos que mantener viva la inteligencia y la esperanza de alejar los pensamientos no deseados". Navajivan, 5 de junio de 1924. (16) AUTODISCIPLINA "La Autodisciplina, como todas las cosas buenas, requiere una Paciencia Inagotable.... No hay que hacer ningún esfuerzo convulsivo para expulsar los malos pensamientos: sería como ceder a ellos. El mejor método es la no resistencia, es decir, ignorar la aparición de los malos pensamientos y mantenerse ocupado con las tareas más próximas. Es bueno crear alrededor de uno mismo un circulo de deberes que exija la concentración de espíritu, alma y cuerpo." Selfrestraint y, self-indulgence, 1928.(17) LA CAMINATA ES LA REINA DE LOS EJERCICIOS "Con razón se dice que la Caminata es la Reina de los Ejercicios Físicos.... Nuestro trabajo espiritual es débil y carece de valor si no va acompañado de un intenso esfuerzo físico. Cuando corremos, respiramos de lleno el aire fresco. Con ello se despierta en nosotros la alegría que suscita la belleza de la naturaleza, y eso tiene un inmenso valor.... Quien padece una ulcera o una enfermedad parecida, dé largas caminatas". Navajivan, 5 de junio de 1924.(18) //////24 CONVERTIRSE EN AQUELLO QUE SE CREE "Con frecuencia vemos cómo el Ser Humano se convierte en aquello en lo que se cree. Si me repito continuamente que no puedo hacer una cosa, llegará en efecto a ser realmente incapaz de hacerla. En cambio, si creo firmemente que puedo hacerla, entonces ciertamente adquiriré esa capacidad, aunque al principio no la poseyera". Harijan, 1 de septiembre de 1940.(19) VIDA FUTURO Y ESFUERZO "Porqué creo en la Vida Futura con la misma convicción con que creo en el Presente. Y sé que ni siquiera el Esfuerzo más pequeño se pierde". Navajivan, 25 de mayo de 1924.(20) APRENDER A CORRER RIESGOS "Ningún movimiento de opinión suficientemente grande y difundido se puede llevar hasta la meta sin correr riesgos, y la vida no tiene valor si se le ahorran los riesgos y los peligros. Acaso no nos muestra la Historia del Mundo que son las grandes empresas arriesgadas las que dan encanto y poesía a la vida? Es un signo de degeneración el que las Personas importantes, que deberían ser el sostén de la Sociedad, agiten las manos desconcertadas y turbadas aunque no corran ningún peligro, ni siquiera de lejos". Young India, 15 de diciembre de 1921.(21) NI TAN MALO, NI TAN PERFECTO "Ningún Hombre es tan Malo como para quedar excluido de toda posibilidad de salvación. /////25 Pero, por otro lado, ningún Hombre es tan perfecto como para tener Derecho de aniquilar a un presunto pecador recalcitrante." Young India, 26 de marzo de 1931.(22) ¿CÓMO SE VENCE EL MAL? "Ha podido comprobar muchas veces que el Bien suscita otro Bien, mientras que el mal provoca otro mal. Si no se presta oído a la llamada del mal, éste pierde fuerza por falta de alimento y perece. El mal se nutre sólo de otro mal. Por esta razón los hombres sabios, que lo han comprendido claramente, no responden al mal con el mal, sino siempre y únicamente con el bien, y de esta manera han vencido al mal. No obstante el mal sobrevive. En efecto, no son muchas las personas que siguen esta enseñanza, aun cuando la Ley en la que se basa funciona con exactitud científica. Somos demasiados perezosos para deducir leyes de los problemas que nos acosan, y nos consideramos demasiado débil para vivir de acuerdo con ellas. Pero en realidad, una vez reconocida la validez de una Ley, no hay nada más fácil que actuar basándonos en ella y responder al Mal con el Bien. Esta es la característica esencial que distingue al hombre del animal: la renuncia a la venganza está fundada en la naturaleza humana. No obstante, a pesar de nuestra naturaleza humana, todavía no somos realmente humanos, porque no hemos reconocido la verdad de esta Ley en todo su alcance, ni hemos actuado en consecuencia." Desde la Cárcel.(23) LA MISIÓN "Desde mi Juventud, mi Misión ha sido la Difusión de la Noviolencia en todos los campos de la vida... //////26 Mientras que la violencia se dirige contra la injusticia del agresor, pudiendo llegar incluso a aniquilarlo, y sólo tiene éxito cuando es más fuerte que la violencia del adversario, la Noviolencia puede ser empleada contra todo adversario, aun cuando éste se encuentre perfectamente preparado para el enfrentamiento violento. El éxito del comportamiento no violento se puede comprobar todos los días, con tal de que se forme parte del grupo de los más débiles". Respuesta a una memoria del gobierno, 15 de julio de 1943.(24) EL ANHELO MAS INTIMO "Mi Anhelo más íntimo fue servir a los Pobres, y siempre me ha llevado a los Pobres hasta que me hice uno de ellos". SW I, 226.(25) AMOR UNIVERSAL "Cada vez se me revelan en mayor medida las infinitas posibilidades del Amor Universal". Autobiography, 237.(26) CALIZ DEL AMOR "Yo he renunciado a la espada; ahora no me queda nada más que ofrecer a mi adversario el cáliz del amor". Young India, 2 de abril de 1931.(27) LO QUE CARACTERIZA A LA HUMANIDAD "Quizás nadie haya redactado tantas peticiones ni se haya encargado de tantos Procesos sin Esperanza como yo; y al final he llegado a la siguiente conclusión: si se quiere obtener algo decisivo, no solo hay que persuadir a la razón, sino también mover el corazón.... //////27 La conmoción del corazón se produce mediante el dolor. Y es el dolor, no la espada, lo que caracteriza a la humanidad". The Nation's Voice.(28) MUJERES EL PRIVILEGIO DE LAS MUJERES "Si no queremos que la Sociedad Humana sea aniquilada por guerras insensatas entre las Naciones y por otras guerras aun más necias contra sus fundamentos morales, las Mujeres tendrán que desempeñar su papel, pero no a la manera de los hombres, como algunas de ellas tratan de hacer, sino a su manera. Las mujeres no pueden mejorar la humanidad imitando a los hombres en la promoción de un insensato aniquilamiento de la vida. Que tomen en serio el Privilegio que ellas tienen de sacar del error al hombre extraviado, antes de que sea él el que arrastre a la Mujer en su decadencia". Harijan, 14 de noviembre de 1936.(29) IGUAL DIGNIDAD DEL HOMBRE Y LA MUJER "El Hombre y la Mujer viven la misma vida y tienen los mismos sentimientos. Ambos se complementan mutuamente y no pueden vivir el uno sin el otro. Debido a que desde la antigüedad el Hombre ha dominado a la Mujer, ésta ha desarrollado un complejo de inferioridad. Y por eso la Mujer ha terminado creyendo en la Egoísta Teoría del Hombre, según la cual la Mujer tiene que estarle sometida. Pero los Profetas han reconocido la Igual Dignidad del Hombre y la Mujer.... ///////28 Aún cuando sus ámbitos de trabajo sean diversos, a Hombres y Mujeres se les exigen las mismas virtudes Universalmente Humanas". Harijan, 24 de febrero de 1940.(30) PAPEL DIRECTIVO DE LA MUJER EN EL DESARROLLO DE LA HUMANIDAD "Ahora bien, si hay que aspirar a la Verdad y a la Noviolencia en todos los ámbitos de la vida, espero vivamente que en este marco la Mujer asuma sin impedimento un Papel Directivo y que, encontrando de esta manera su puesto en el Desarrollo de la Humanidad, desaparezca su complejo de inferioridad". Harijan, 24 de febrero de 1940.(31) LA MUJER ES UNA PERSONIFICACIÓN DE LA NOVIOLENCIA "Como ya he dado a entender anteriormente, considero que la Mujer es una personificación de la Ahimsa (Noviolencia). Ahimsa significa amor infinito, en el que se expresa también una capacidad de sufrir ilimitada.... Permitamos a la mujer que extienda este amor a toda la Humanidad.... A ella se le ha dado enseñar la Paz a un Mundo desgarrado". Harijan, 24 de febrero de 1940.(32) EL VALOR DE LA MUJER "Arrojaban contra mí piedras, trozos de ladrillos y huevos podridos. Uno de los presentes me arrebató el turbante, mientras otros empezaron a golpearme y darme patadas. Yo estaba a punto de desmayarme; me agarré a la verja de una casa y me quedé allí para recobrar el aliento. Pero me resultó imposible, porque se abalanzaron sobre mí dándome golpes y puñetazos. //////29 En aquel momento llegó casualmente la Mujer del inspector de policía, que me conocía. La valerosa Señora se acercó apresuradamente, abrió su parasol, aunque no hacia sol, y lo puso entre la muchedumbre y yo. Esto frenó la furia de la muchedumbre, porqué habría resultado difícil golpearme sin herir a la Señora Alexander". SW I, 285.(33) NIÑOS LA SABIDURÍA SALE DE LA BOCA DE LOS MAS PEQUEÑOS "Después de mi éxito con centenares y hasta con millares de niños, créanme: sé que probablemente ellos tienen un sentido del honor más fino que usted y que yo. Si fuésemos capaces de inclinar humildemente la cabeza, podríamos aprender las enseñanzas más importantes de la vida, no de los sabios, sino de los niños, que son considerados ignorantes. La verdad más grande dicha por Jesús fue su afirmación según la cual la Sabiduría sale de la boca de los más pequeños. Creo que es verdad, porque yo mismo lo he observado: si nos acercáramos a los menores de edad con modestia e inocencia, podríamos aprender de ellos". The Natio´s Voice. (34) IGUALDAD "Si Dios vive en todo cuanto existe en el Universo, si tanto el sabio como el barrendero proceden de Dios, entonces no hay nadie que esté arriba ni nadie que esté abajo. Todos somos ilimitada y absolutamente iguales, por ser criaturas del mismo Creador". Harijan, 30 de enero de 1937.(35) /////30 RECONOCIMIENTO DE LA IGUALDAD Y LA UNIDAD "El reconocimiento de la igualdad y la unidad constitutiva de todos los Seres vivos excluye ya de por sí la idea de la superioridad y de la inferioridad. Una religión que se funde sobre una jerarquía de lo alto y lo bajo, está destinada a la ruina". Young India, 5 de noviembre de 1925.(36) HUMILDAD ¿Qué significa humildad? "Humildad significa esfuerzo incansable al servicio de la humanidad. Dios está siempre al servicio.... Si somos uno con él, no tendremos necesidad del descanso; hasta nuestro sueño será un forma de actuar, porque dormiremos con la idea de Dios en el corazón. Es este no-descansar-nunca lo que proporciona el verdadero reposo. En este movimiento incesante se descubre una Paz inquebrantable". SSW IV, 247.(37) BONDAD BONDAD E INTELIGENCIA CRISTIANISMO "Estoy convencido de que Europa de nuestros días no pone en práctica el Espíritu de Dios o del Cristianismo, sino el Espíritu de Satán. Y Satán obtiene el éxito mayor allí donde se presenta con el nombre de Dios en los labios. La Europa de hoy es Cristiana sólo de nombre, pero en realidad adora a Mahoma. "Es más fácil que un camello pase por el ojo de una aguja que un rico entre en el Reino de los Cielos": son palabras de Cristo. En cambio, quienes se llaman discípulos suyos miden su Progreso Moral según sus Posesiones Materiales". Young India, 8 de septiembre de 1920.(126) DIOS ¿QUÉ ES DIOS PARA GANDHI? "Dios es para mí Verdad y Amor. Dios es Ética y Moralidad. Dios es intrepidez. Dios es la Fuente de la Luz y de la Vida y, sin embargo, está por encima y más allá de todo esto: Dios es Conciencia. Es un Dios personal para todos los que necesitan su presencia personal. Ha adoptado una forma para los que necesitan palparlo. Dios es la más pura esencialidad. Pero lo es sólo para los que tienen Fe. El es todo para todos. Está en nosotros, pero también por encima y más allá de nosotros". Handhiji´s View of Life. (127) //////60 DIOS Y FE "Mi Fe me exige no dudar en tratar de convencerle a usted, aunque sus palabras me prohíben esta esperanza. Si Dios quiere, puede infundir en una de mis palabras una fuerza tan grande que toque su corazón. A mi tan sólo me corresponde hacer este esfuerzo. El éxito está en las manos de Dios". De una carta a Sir Reginald Maxwell, 21 de mayo de

1943.(128) DIOS, FE Y OBRAS "Oro por los Cristianos, para que sean mejores Cristianos, y por los Musulmanes, para que sean mejores Musulmanes. Estoy convencido de un día Dios nos pedirá cuentas -ya lo está haciendo- de lo que somos, es decir, de lo que hacemos, no del nombre que nos hemos dado. Para El las obras son fe, y la fe obras". Desde la cárcel. (129) DIOS ES VERDAD "Si, por lo que puedo ver, la Revista Young India no va a inaugurar una Política Nueva, un Nuevo Curso, no por ello, así lo espero, será una Revista anticuada. Sólo lo seria si se declara que la Verdad misma es anticuada. Deseo ver un día a Dios cara a cara. Sé que Dios es la Verdad". Young India, 3 de abril de 1924.(130) DIOS ES VERDAD, DIOS ES CERTEZA "Separarme de mi mujer y de mis hijos, interrumpir una condición de estabilidad y abandonar lo seguro por lo incierto: todo esto fue en aquel momento doloroso, pero estaba acostumbrado a una vida incierta. ///////61 Me resulta absurdo esperar certeza en este Mundo, en el que todo es incierto excepto Dios, que es la Verdad. Todo lo que nos aparece y sucede es incierto, pasajero. Pero en ello se oculta un Ser Supremo que es Certeza, y seriamos bienaventurados si pudiésemos captar un vislumbre de esta certeza y enganchar a él el carro de nuestra vida. La búsqueda de esta verdad es el summum bonum de la vida". SW I, 74.(131) DIOS Y LOS POBRES "Dios es el auxilio de los desvalidos. Los predilectos de Dios no son los ricos, sino los pobres, que son más perseguidos que todos los demás". Gandhiji´s View of Life. (132) ¿PORQUE EL HOMBRE VALEROSO NO PUEDE SER INTIMIDADO? "Vuestro peor enemigo es el Miedo, que roe la vida tanto de quien se deja intimidar por el terror como la del terrorista. Este teme algo de su victima – quizá su Religión, extraña para él, o su riqueza. La segunda clase de Miedo recibe el nombre de Codicia. Si se examina esta cuestión, se observará que la Codicia es una variedad del Miedo. Pero no ha existido todavía, ni existirá jamás, una sola Persona que pueda intimidar a otra cuyo corazón esté libre del Miedo. ¿Por qué el hombre valeroso no puede ser intimidado? Observareis que Dios está siempre de parte del valeroso, Por ello, temámoslo sólo a él y busquemos refugio en él. Cualquier otro Miedo se desvanecerá por si solo". Harijan, 8 de diciembre de 1946.(133) /////62 ¿CUÁL ES EL CAMINO HACIA EL CONOCIMIENTO DE DIOS? LA NOVIOLENCIA "Para mí sólo hay un camino hacia el Conocimiento de Dios: la Noviolencia, el Amor". Young India, 3 de abril de 1924(134) DIOS EXISTE. CREER ES SIGNO DE HUMILDAD "Si yo existo, Dios existe. Para mí, como para millones de personas, ésta es una certeza absoluta. Quizá usted no desea expresarlo con palabras, pero sabe por experiencia que es una parte de su vida. Sólo le pido que desentierre la fe sepultada. Para ello tiene que renunciar a muchas cosas que seducen su inteligencia y le desvían. Comience a creer, lo cual es también un Signo de Humildad y un reconocimiento de que no sabemos nada y de que somos menos que átomos en este Universo. Digo que somos menos que átomos porque el átomo obedece la ley de su ser, mientras que nosotros, con la altanería de nuestra ignorancia, renegamos de la Ley de la naturaleza. Con todo, a los que no creen yo no puedo ofrecerles una prueba racional de la existencia de Dios". The Nation´s Voice. (135) CONFIAR EN DIOS "Debemos confiar en Dios, que es quien nos da el pan de cada día, es decir, todo aquello que necesitamos….".SW, 229s.(136) /////63 REPETIR EL NOMBRE DE DIOS "Toda repetición del nombre de Dios tiene un nuevo significado. Cada una de ellas acerca más a Dios. Le puedo asegurar que no es un teórico quien le está hablando, sino una persona que en cada minuto de su vida ha experimentado aquello de lo que habla –de tal modo que la misma vida termina antes que este proceso imposible de detener". Harijan, 25 de mayo de 1935.(137) PRESENCIA DE DIOS, EN EL DECIR Y HACER "Si en todo lo que Decimos y Hacemos fuésemos conscientes de la Presencia de Dios, no tendríamos nada que esconder a nadie. No concebiríamos ningún pensamiento impuro ante nuestro Creador.... .Sólo la impureza trata de esconderse y se oculta en la oscuridad.... Hemos alejado de nuestra vista las cosas sucias. Deberíamos comportarnos también así con nuestras palabras. Las cosas que desearíamos ocultar al Mundo no deberíamos siquiera pensarlas". Young India, 22 de diciembre de 1920.(138) ES UN SOL QUE IRRUMPE EN LAS HORAS OSCURAS "Los ejercicios de Yoga me han resultado siempre extraños. Yo practico otro tipo de ejercicios, a saber, el que aprendí en mi infancia de mi nodriza. Yo tenia miedo a los fantasmas, y la nodriza me decía:" Pero sí, a pesar de todo, tienes miedo, practica el Ramanama". Lo que aprendí de niño adquirió un inmenso significado en mi firmamento espiritual. Es un Sol que irrumpe con sus rayos en las horas oscuras. Tal vez un Cristiano experimente algo parecido repitiendo el nombre de Jesús, y un Musulmán repitiendo el nombre de Alá". Harijan, 5 de diciembre de 1936.(139) //////64 ESPIRITU DE DIOS Y SU INFLUENCIA EN LOS ACONTECIMIENTOS ECONOMICOS, SOCIALES Y POLÍTICOS "No creo que el Espíritu de Dios tenga un especial campo de acción en el que actuar, sino que más bien actúa en las acciones y realizaciones cotidianas de nuestra vida. De esta manera influye en los acontecimientos económicos, sociales y políticos". Young India, 1925.(140) FE "El respeto a las otras Confesiones Religiosas no tiene que cegarnos ante sus errores. Tenemos que considerar también los defectos de nuestra propia Fe; sin embargo, no por ello podemos darle la espalda, sino que debemos tratar de corregir tales defectos....". SW IV, 240s.(141) FE VIVA Y PERFECTA

"Estoy convencido de que, si una persona consigue tener una Fe Viva y Perfecta en la fuerza invisible y se libera de las pasiones, en su cuerpo tiene lugar una intima transformación. Para ello no basta con el mero deseo; se requieren también la vigilancia y el ejercicio continuos. Pero todos los esfuerzos humanos no tienen ningún efecto si no interviene la Gracia de Dios". Reportaje de Prensa, 12 de junio de 1945.(142) //////65 FE Y DIOS "Conozco muy bien el peligro de semejante especulación. Pero seria deshonesto y cobarde de mi parte si.... por temor a que se burlen de mí, no expresara abiertamente mi FE. El efecto físico de un terremoto se olvida pronto, y en parte se remedia con rapidez. Pero seria terrible si ese terremoto fuese un anuncio de la ira Divina contra el perverso mantenimiento de la intocabilidad y si nosotros no percibimos la Enseñanza Moral.... La conexión entre Acontecimientos Cósmicos y Comportamiento Humano es para mí una creencia viva que me aproxima a mi DIOS, me impone la Humildad y me hace más idóneo para caminar en presencia de Dios. Pero esta creencia seria una superstición degradante si yo abusase de ella- por la profundidad de mi ignorancia- para enfrentarme con violencia a mis adversarios". Harijan, 16 de febrero de 1934.(143) "Quien siente Amor hacia mí podría demostrarlo de ahora en adelante promoviendo la unidad que todos nosotros deseamos. Sé que es una tarea difícil; pero nada es imposible si tenemos una FE VIVA EN DIOS. Dirijámonos a EL, conscientes de nuestra debilidad, y EL ciertamente nos ayudará. La debilidad produce miedo, y el miedo produce desconfianza. Todos nosotros, Musulmanes e Hindúes, queremos vencer nuestro miedo. Y bastaría con que uno de los partidos venciese el miedo para que la lucha cesara". A Maulana Mahomed Alí, 8 de febrero de 1924.(144) /////66 ORACIÓN "Una vez que se admite la existencia de Dios, la necesidad de Oración es Indudable. No queremos ser tan arrogantes como para afirmar que toda nuestra vida es una oración y por ello es superfluo observar un determinado horario para orar. Quienes han vivido constantemente en armonía con el infinito no han tenido esta presunción. Su vida era realmente una Oración continua y, no obstante, oraban expresamente en horas establecidas y ofrecían a Dios su promesa de fidelidad. Renovémosla nosotros diariamente, y entonces nuestra vida estará libre de toda forma de mal". The Nation´s Voice.(145) ¿Qué significó para Gandhi la Oración? "La Oración me ha salvado la vida. Sin la Oración habría perdido el uso de la razón hace ya mucho tiempo... La Oración ha sido para mi absolutamente; tenia dificultades: sin la oración me habría resultado imposible ser feliz. Mi necesidad de orar ha crecido en la medida en que, poco a poco, crecía mi Fe en Dios. Sentía que sin la Oración mi vida era absurda y estaba vacía". The Nation´s Voice.(146) /////67 Oración de Gandhi "Señor… …..Ayúdame a decir la verdad delante de los fuertes y a no decir mentiras para ganarme el aplauso de los débiles. Si me das fortuna, no me quites la razon. Si me das exito, no me quites la humildad. Si me das humildad, no me quites la dignidad. Ayúdame siempre a ver la otra cara de la medalla, No me dejes inculpar de traición a los demás Por no pensar como yo. Enséñame a querer a la gente como a mi mismo y a no juzgarme como a los demás. No me dejes caer en el orgullo si triunfo, ni en la desesperación si fracaso. Más bien recuérdame que el fracaso es la experiencia que precede al triunfo. Enséñame que perdonar es un signo de grandeza y que la venganza es una señal de bajeza. Si me quitas el éxito, déjame fuerzas para aprender del fracaso. Si yo ofendiera a la gente, dame valor para disculparme y si la gente me ofende, dame valor para perdonar. Señor...si yo me olvido de ti, Nunca te olvides de mi! (147) //////68 ORACIÓN ALIMENTO DEL ALMA "Sentí que la Oración es tan indispensable para el Alma como el alimento para el Cuerpo. Es más, el alimento no es tan necesario para el Cuerpo como la Oración lo es para el alma. Porque el Cuerpo necesita a menudo ayunar para mantenerse sano, pero no existe el ayuno de la Oración. En ningún caso puede existir una indigestión de Oración". Mi tío Moncho, destacaba esto· ¿De donde viene la Paz Interior? "Millones de Hindúes, Musulmanes y Cristianos encuentran en la Oración el único consuelo de vida. Quizá usted intente restar importancia a esta verdad insinuando que se trata de mentiras o de autoengaños. En tal caso, debo decir que esta mentira tiene el valor de un milagro para mí, que soy un Buscador de la Verdad —si es que se puede decir que este criterio existencial, sin el cual no podría soportar la vida ni siquiera un instante, es una mentira-. La desesperación por la actual situación política puede estallar frente a mí, pero no he perdido la Paz. He conocido a personas que me envidiaban por mi Paz Interior; pero esta Paz, puedo asegurárselo, me viene de la Oración". The Nation´s Voice.(149) //////69 ORACION – HUMILDAD "La Meditación o la Oración no son una huida al ámbito de las palabras…., sino que brotan del corazón. Realizando la pureza del corazón que "vacía de todo excepto del amor", armonizando todas las cuerdas en el justo tono, entonces, "vibrando en la música, sobrepasamos los sentidos". La Oración no tiene necesidad de palabras y es independiente de toda actividad sensorial. A mi juicio, es del todo indudable que la Oración es un medio de infalible para purificar el corazón de las pasiones. Pero tiene que ir unida a la más excelsa Humildad". SW I, 107(150) VITALIDAD BENDECIDA POR DIOS "Y si en el movimiento que intento representar hay Vitalidad, y una Vitalidad bendecida por Dios, entonces se propagará por el Mundo entero sin tener que estar físicamente presente en todas las partes del Mundo". Young India, 17 de septiembre de 1925.(151) LAS FUERZAS DIVINAS SON EN NOSOTROS INFINITAS "Porque todos nosotros hemos crecido con los mismos defectos y somos hijos de un mismo Creador y, por tanto, las Fuerzas Divinas son en Nosotros Infinitas. Despreciar a un solo Ser Humano significa despreciar estas Fuerzas Divinas y, por consiguiente, no sólo ofender a este Ser, sino, junto con él, al Mundo entero". SW II, 410s(152) ///////70 ACCIONES QUE SON UNA NEGACION DE DIOS "Desacreditar la Religión de otra Persona...., decir falsedades, romper la cabeza a personas inocentes, profanar templos o mezquitas: todas estas acciones son una negación de Dios. El Mundo observa, en parte con satisfacción, en parte con preocupación, la lucha de perros rabiosos que tiene lugar entre nosotros. Hemos escuchado a Satán... Yo no pido a ningún Hindú ni a ningún Musulmán que renuncie siquiera al menor de sus principios religiosos. (Eso si, cada uno tiene que estar seguro de que se trata efectivamente de una Religión). Pero exijo a todo Hindú y a todo Musulmán que no disputen por ventajas materiales". Young India, 25 de septiembre de 1924.(153) POLÍTICA NOVIOLENCIA "Aun no hemos conquistado nuestra libertad, sencillamente porque en los pensamientos, en las palabras y en las obras no hemos sido no violentos. Pero hemos declarado que nuestra Política es la Noviolencia, porque estamos convencidos de que la india no puede obtener la libertad por otro medio. Nuestra manera de proceder no es ni debe ser una maniobra fingida. No podemos albergar en nosotros sentimientos violentos bajo la mascara de la Noviolencia". Young India, 3 de abril de 1924.(154) UNIFICACIÓN "La Unificación entre Hindúes y Musulmanes debe ser nuestro Credo en todo momento y circunstancia. Sin embargo, no tiene que significar ninguna amenaza para las minorías -parsis, cristianos, judíos o sijs". Young India, 16 de marzo de 1922.(155) ///////71 ¿QUÉ SIGNIFICA LA UNIFICACIÓN? "La Unificación que deseamos no es un remedio, sino una Unidad de los Corazones... La Independencia de la India, será un sueño irrealizable mientras no haya un fuerte vínculo entre los Indios Hindúes y los Indios Musulmanes, un vínculo que no puede consistir simplemente en una tregua. No se puede fundamentar una Unificación en el temor mutuo, sino que tiene que ser una Comunión entre Iguales, en la que cada uno respete la Religión del otro". Young India, 6 de octubre de 1920.(156) TOLERANCIA "La Unidad de Hindúes y musulmanes exige que aquellos Toleren la Religión de éstos, y que éstos consideren verdadera la de aquellos". Young India, 28 de agosto de 1924.(157) LIBERTAD DE PENSAMIENTO "En ningún caso no es lícito reprimir una opinión con la intolerancia, porque entonces no sabremos nunca quién está con nosotros y quién contra nosotros. Para tener éxito es, por tanto, indispensable alentar a todos a la plena Libertad de Pensamiento". Young India, 27 de octubre de 1921.(158) ///////72 PERIODISMO OBJETIVO La Revista IDIAN OPINIÓN fue durante un tiempo el espejo de una parte de mi vida, al igual que hoy lo son YOUNG INDIA y NAVAJIVAN. Semana tras semana, vertí mi alma en ellas y expliqué los Principios y la Práctica de la SATYAGRAHA (Fuerza de la Verdad)... No puedo recordar que en aquellos artículos escribiera ni una sola palabra sin Reflexión o por sugerencia de otras personas, exagerando de manera consciente o únicamente para agradar a alguien.... La critica ha encontrado muy pocas cosas a las que plantear objeciones. Era más bien el tono de INDIAN OPINIÓN lo que inducía a los críticos a detener su pluma. Probablemente la

RAMÓN CASTELO PÉREZ
"UN GANDHI GALLEGO"

SATYAGRAHA (Fuerza de la Verdad) no habría sido posible sin INDIAN OPINIÓN. De ella esperaban los lectores un resumen fidedigno de la Campaña de la SATYAGRAHA (Fuerza de la Verdad) y de la verdadera situación de los Indios en la Republica Sudafricana.... Ya en el primer mes de la Publicación de INDIAN OPINIÓN comprendí que el único OBJETIVO del Periodismo tiene que ser el Servicio. La Prensa es un gran Poder, porque, al igual que una tempestad violenta, inunda toda la Región y destruye las Cosechas, así también una Pluma no controlada sólo sirve a la destrucción. El Control ejercido desde el Exterior resulta más dañino que la falta de control. El Periodismo sólo puede ser útil cuando una Persona lo ejerce porque le sale de adentro. Este Principio Teórico implica la formulación de esta pregunta: § cuentos Periódicos en el mundo pueden afrontar esta prueba? § Pero, quien podría impedir la publicación de los Periódicos inútiles? //////74 Los Periódicos útiles y los inútiles, por buenos o malos que sean, tienen que coexistir, y es el lector quién debe elegir". SW, 426s.(159) RELACION CON EL ADVERSARIO "No son verdaderos reformadores aquellos que no tienen en cuenta a los adversarios, sino que ofenden los sentimientos de los conservadores -en lugar de rivalizar con lo mejor que aquellos tienen en sí-". Young India, 2 de abril de 1925.(160) VIOLENCIA: ¿DÓNDE ESTA EL LIMITE? "En la vida no se puede evitar por completo la Violencia. Sólo cabe preguntarse dónde está el limite, que no es el mismo para todos. El principio que la regula es esencialmente sólo uno, pero cada cual lo aplica a su manera". Harijan, 9 de junio de 1946.(161) LEY DE LA VENGANZA "Desde los tiempos de Adán aplicamos la Ley de la Venganza, y sabemos por experiencia que ha fracasado rotundamente. Nosotros gemimos bajo sus devastadores efectos". Young India, 28 de agosto de 1924.(162) DOLOR Y GUERRA "El Dolor es la Ley del Ser Humano. La Guerra es la Ley de la Jungla. Pero el Dolor es infinitamente más poderoso que la Ley de la Jungla, porque convierte al enemigo y abre sus oídos para que escuche la voz de la razón". The Nation´s Voice.(163) ///////75 PRUEBA "Cuando el hombre pasa en la vida por una Prueba, en ese momento no puede saber qué es lo que le protege. Quien no cree atribuirá su salvación al azar. Quien cree dirá que Dios le ha protegido.... En la hora de la salvación, el Ser Humano no sabe si es su disciplina espiritual u otra cosa la que lo asiste. ¿Quién, entre los que se glorían de sus propias fuerzas espirituales, no las ha visto al menos una vez humilladas hasta el polvo? En los momentos de Prueba, un conocimiento religioso separado de la experiencia es como paja". SW I, 104.(164) ORGANIZADOR ¿Porqué Gandhi era un buen organizador? "Fui un buen Organizador, porque siempre mantuve un estrecho contacto con la Realidad, que, por otro lado, era el resultado de una rigurosa atención a la Verdad". Satyagraha in South Africa.(165) TRABAJO Y HUELGA "Pienso que para un Ser Humano es humillante estar sin Trabajo y tener que vivir de limosna. Una vez dirigí una Huelga y en aquella ocasión no permití que los huelguistas estuvieran sin trabajar ni un solo día. Les hice partir piedras, transportar arena y trabajar en las carreteras publicas, y exhorté a mis colaboradores a que se unieran a ellos en esta actividad. Traten de imaginar qué terrible es tener trescientos millones de desocupados, humillados todos los días por falta de empleo, que ya no se respetan a sí mismos ni creen en Dios. ///////76 A estos millones de hambrientos ya sin luz en los ojos y cuya divinidad se llama Pan, podría haberles anunciado el mensaje de Dios exactamente igual que a un perro. Sólo puedo llevarles el mensaje de Dios si les llevo el Santo Mensaje del Trabajo..... Dios sólo puede aparecerles en forma de Pan". A los desempleados en Yorkshire.(166) HUELGA DE BRAZOS CAIDOS "Un par de Estudiantes han recurrido a la antigua y bárbara forma de la "Huelga de brazos caídos". La llamo bárbara porque es un modo inmaduro de ejercer una presión. Es también cobarde, porque quien practica el dhurba sabe perfectamente que no será pisoteado. Este método es más que violento. Cuando luchamos activamente contra el enemigo, le damos al menos la oportunidad de contraatacar; pero si lo desafiamos a tener que pasar por encima de nosotros, pisoteándonos, y sabemos que él no quiere hacerlo, lo ponemos en una situación inaceptable y humillante.... Todos los que se niegan a colaborar con el adversario deberían reflexionar atentamente sobre lo que hacen. No podemos permitir que entre nosotros se introduzcan la impaciencia, la barbarie, la insolencia o la extorsión". Young India, 2 de febrero de 1921.(167) ABOGADO MI DEBUT COMO ABOGADO "Me presenté como Defensor de los Imputados, por lo que tuve que interrogar a los testigos de la acusación. Me llené de valor, pero mi corazón desfalleció. ///////77 Todo daba vueltas en mi cabeza, incluido el Tribunal. Ni siquiera se me ocurría una pregunta que hacer. Seguramente el Juez se echaría a reír, y sus consultores gozarían con el espectáculo. Pero yo ya no veía absolutamente nada". SW I, 138s.(168) LA VERDADERA MISION DE UN ABOGADO "Me resultó más difícil conseguir la concesión del pago de mensualidades que promover el entendimiento entre las partes. Afortunadamente, ambas cosas tuvieron un resultado positivo y merecieron la aprobación publica. En aquella ocasión mi alegría no tuvo limites. Había aprendido la verdadera Abogacía. Había aprendido a descubrir el lado mejor de la naturaleza humana y a dirigirme al corazón de los hombres. Me resultó evidente que la verdadera misión de un Abogado consiste en reconciliar a las partes enfrentadas. Esta enseñanza se fijó en mí de una manera tan indeleble que una gran parte de mis veinte años de ejercicio de la Abogacía estuvo dedicada a pactar acuerdos privados en centenares de casos. Con ello no perdí nada —no perdí dinero y, ciertamente, tampoco perdí mi alma—".SW I,199.(169) ESTADO VISION DEL ESTADO "Personalmente preferiría, no la concentración del Poder en manos del Estado, sino la Institución de Fideicomisarios; pues pienso que la violencia de la propiedad privada es menos opresora que la violencia del Estado". The Modern Review, 1935.(170) /////78 ENTES PUBLICOS Y SU RELACION CON FONDOS FINANCIEROS "Habiendo adquirido una considerable experiencia en muchas Instituciones Públicas dirigidas por mí, he llegado al convencimiento de que no es bueno instituir entes Públicos sobre un Fondo Financiero Permanente. Este capital fundamental ha llevado siempre consigo el germen de la decadencia moral de la institución. Ente Publico es, por definición, una Institución que vive del consenso y de las subvenciones publicas. Si falta este apoyo publico, la Institución pierde el Derecho a existir. Las Instituciones que se basan sobre un ingente Capital Social, a menudo no prestan atención a la opinión publica y actúan contra ella. A mi juicio, el ideal irrefutable de las Instituciones Publicas sería el de vivir al día como la naturaleza.... Las suscripciones anuales son un test de popularidad de los entes públicos y de la transparencia de su gestión; a mi entender, todas y cada una de esas Instituciones tendrían que someterse a este test". SSW I, 294.(171) SERVICIO LA VIDA COMO SERVICIO "Comprender la Vida como Servicio es el Arte más elevado y está lleno de verdadera alegría. El que quiere servir está libre de la ira y de la cólera y permanece tranquilo cuando lo importunan. Su Servicio, como la Virtud, encuentra en sí mismo la recompensa".

RAMÓN CASTELO PÉREZ
"UN GANDHI GALLEGO"

La vida fue muy controvertida, en sus ultimos años,
mi tío Moncho, no dudo en pasar desapercibido de las
políticas comunistas.

Printed in Great Britain
by Amazon